MANDALAS EXTRATERRESTRES

JANOSH

MANDALAS EXTRATERRESTRES

A Arte Extradimensional dos Círculos nas Plantações

Tradução
Zilda H. S. Silva

Editora
Pensamento
SÃO PAULO

Título original: *Art of Arcturians – De kunst van Graancirkelcodes*

Copyright © 2005 *Uitgeverij Ankh-Hermes bv, Deventer*

Todos os direitos reservados. Nenhuma parte deste livro pode ser reproduzida ou usada de qualquer forma ou por qualquer meio, eletrônico ou mecânico, inclusive fotocópias, gravações ou sistema de armazenamento em banco de dados, sem permissão por escrito, exceto nos casos de trechos curtos citados em resenhas críticas ou artigos de revistas.

A Editora Pensamento-Cultrix Ltda. não se responsabiliza por eventuais mudanças ocorridas nos endereços convencionais ou eletrônicos citados neste livro.

Dados Internacionais de Catalogação da Publicação (CIP)
(Câmara Brasileira do Livro, SP, Brasil)

Janosh
    Mandalas extraterrestres : a arte extradimensional dos círculos nas plantações / Janosh ; tradução Zilda H. S. Silva. — São Paulo : Pensamento, 2009.

    Título original : Art of Arcturians : De kunst van Graancirkelcodes.
    ISBN 978-85-315-1575-0

    1. Círculos nas plantações 2. Objetos voadores não identificados I. Título.

09-03120   CDD-001.94

Índices para catálogo sistemático:
1. Mandalas extraterrestres : Fenômenos misteriosos :
Conhecimento controverso 001.94

O primeiro número à esquerda indica a edição, ou reedição, desta obra. A primeira dezena
à direita indica o ano em que esta edição, ou reedição, foi publicada.

Edição   Ano
1-2-3-4-5-6-7-8-9-10-11   09-10-11-12-13-14-15-16-17

Direitos de tradução para a língua portuguesa
adquiridos com exclusividade pela
EDITORA PENSAMENTO-CULTRIX LTDA.
Rua Dr. Mário Vicente, 368 — 04270-000 — São Paulo, SP
Fone: 2066-9000 — Fax: 2066-9008
E-mail: pensamento@cultrix.com.br
http://www.pensamento-cultrix.com.br
que se reserva a propriedade literária desta tradução.

fotografia: Annemieke Wittleveen

fotografia: Bert Janssen

SUMÁRIO

Prólogo	7
Os hologramas	9
Meu amigo Saïe	9
Os Arcturianos	9
Por que geometria?	10
O que é um círculo nas plantações?	12
Onde aparecem os círculos nas plantações?	13
Geometria	15
Reconstruções dos círculos nas plantações	16

Mandalas Extraterrestres Decodificadas

Terceira Onda	24
Transição	26
Contato	28
Comunicação	30
Entrega	32
Ilusão	34
Integração	36
Libertação	38
Iluminação	40
Liberação	42
Sabedoria	44
Percepção	46
Conexão	48
Lealdade	50
Franqueza	52
Intenção	54
Dualidade	56

Equilíbrio	58
Cura	60
Perdão	62
Frequência	64
Renascimento	66
Emersão	68
Mudança no tempo	70
O ano de 2012	72
Confirmação	74
Reconhecimento	76
Projeto	78
Liberdade	80
Recordação	82
Epílogo	85
Agradecimentos	87
Sobre a Arte dos círculos nas plantações	91
Livros interessantes	93
Websites interessantes	95

fotografia: Bert Janssen

Prólogo

Na noite de 8 de novembro de 2003, durante a Lua cheia, ocorreu uma Concordância Harmônica, um evento astrológico e galáctico marcante. Essa Concordância Harmônica foi intensificada por duas particularidades: a noite foi marcada por um eclipse lunar e cinco planetas solares formaram uma estrela de davi perfeita, justamente no momento do eclipse.

Eu já tinha lido sobre isso e recebido um chamado para começar a meditar por volta dessa data. Previa-se uma energia muito harmônica.

Decidi participar dessa ampla meditação mundial, mas, ao contrário de outras pessoas que sentiram muitas coisas, eu não senti absolutamente nada. Isto é, até alguns dias depois.

De repente, vi com a minha visão interior magníficas formas tridimensionais transparentes e das mais variadas cores. Senti que elas tinham algo para me transmitir e comecei a reproduzi-las. Assim que comecei a pensar sobre seu significado, elas desapareceram. Mas consegui desenhar algumas e também desenhá-las no meu computador, exatamente como as tinha visto.

Depois de colocar esses desenhos na Internet, recebi um *feedback* surpreendente: as imagens apareceram na forma de círculos nas plantações. Claro que eu já ouvira falar desses círculos antes, mas nunca tinha pensado neles. Para meu espanto, recebi então todos os tipos de informação sobre o significado desses hologramas/círculos.

Senti certa urgência em compartilhar tudo isso com outras pessoas, mas preferi me manter nos bastidores. Assim criei a Ativação: uma apresentação multimídia em que a informação é projetada numa enorme tela e acompanhada de uma bela música. O propósito dessa Ativação era fazer com que o maior número possível de pessoas conhecesse essa arte surpreendente de outra dimensão.

O mistério dos "agroglifos", como também são chamados os círculos nas plantações, desperta grande interesse há milhares de anos, além de alimentar muitos debates espiritualistas, pesquisas científicas e todo tipo de teoria. Ainda hoje centenas de novos círculos são encontrados todos os anos,

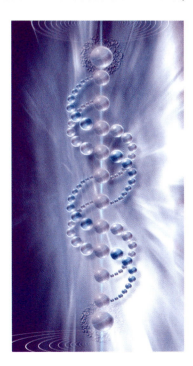

nos últimos anos são responsáveis por uma abertura mais rápida de toda a consciência humana.

Espero que encontre muito prazer na leitura e na observação dos círculos nas plantações!

JANOSH

principalmente na Inglaterra. E eles continuam aparecendo para mim: hologramas intrigantes que reproduzem com exatidão os círculos nas plantações que, antes, eu nem mesmo sabia que existiam. Cada agroglifo contém um código diferente que influencia certa parte da nossa consciência. A todos eles é conferido um título específico, tais como Abertura, Integração e Ilusão.

Eu acredito que os agroglifos mais recentes marquem o início de um novo nível de comunicação. Essas formações em plantações estão aqui para nos estimular e despertar. Muitos contêm a chamada Geometria Sagrada, utilizada por transmitir um simbolismo muito mais forte do que a linguagem escrita. Além disso, essas formações tenderam a se tornar mais complicadas ao longo dos últimos anos. Um dos motivos é a expansão espiritual da consciência humana. Quando a humanidade se abrir para o conhecimento trazido por essas formações, quando a consciência daqueles que observam essas formas sagradas se ampliar, a possibilidade de absorverem e compreenderem essa sabedoria aumentará. Quanto mais formas e complexidades tiverem as formações, mais a humanidade será estimulada a crescer. As formações que apareceram

Os hologramas

Desde novembro de 2003, logo depois da Concordância Harmônica, hologramas começaram a aparecer para mim. Eu os desenhei como energias transparentes, capturadas em diferentes formatos e cores. Senti que os hologramas transmitiam uma mensagem e as traduzi em gráficos de computador.

Desde que esses hologramas foram divulgados na Internet, a reação das pessoas foi surpreendente. Eles pareciam apresentar os mesmos formatos e formas dos agroglifos existentes. Eu não conhecia muito bem os círculos nas plantações e não fazia ideia da razão por que estava recebendo esses hologramas.

Meu amigo Saïe

Logo depois da aparição dos primeiros hologramas, Saïe entrou em contato comigo. Ele é um ser de outro sistema solar que se comunica com as pessoas da Terra. Ele me contou que muitos dos seus companheiros vieram à Terra a partir do seu planeta de origem, Arcturus, para guiar a humanidade em sua evolução rumo a uma consciência mais elevada. Saïe é um ser multidimensional que vive numa realidade paralela como um servidor do Altíssimo. Em sua vida paralela, ele é um dos Seres Ultraterrestres Benevolentes também conhecidos como arcturianos. Naquela dimensão ele é um dos chamados Construtores de Círculos. Tenha em mente que o fenômeno dos círculos nas plantações é multidimensional, com aspectos em muitas realidades paralelas. As pessoas são um componente disso. Os druidas, os celtas e os maçons, que preparavam a matriz energética na terra sagrada onde a maioria dos agroglifos aparecem, também fazem parte desse fenômeno.

Muitos espíritos altamente desenvolvidos de outras dimensões optaram por encarnar num corpo físico e sintonizar-se com o DNA humano para ajudar no Grande Movimento: a descida do céu à Terra. Estamos testemunhando um fenômeno sem precedentes na história deste planeta. O tempo está acelerando agora para que o continuum espaço-tempo chegue ao fim. Os véus se tornam mais delgados, possibilitando que as pessoas se comuniquem melhor com outros mundos e dimensões.

Os Arcturianos

Os Arcturianos são os Mestres da Frequência. Eles controlam as câmeras holográficas onde o projeto de todos os pictogramas está armazenado. Entre outras coisas, esses pictogramas aparecem como agroglifos. Obviamente existe uma diferença visível entre os agroglifos feitos pelo homem e os criados com raios de alta frequência, usando tecnologia arcturiana altamente desenvolvida. Essas formações causam surpresa a qualquer um que seja abençoado com o privilégio de fazer parte desse fenômeno extraordinário.

fotografia: Bert Janssen

Por que geometria?

Ao longo dos anos, essas formações em campos de cultivo estão se tornando mais complexas por várias razões. Uma delas é a expansão da consciência humana. Quando a humanidade se abrir para o conhecimento que está armazenado nos agroglifos ou hologramas, quando a consciência daqueles que testemunham essa Geometria Sagrada se ampliar, a possibilidade de absorver e entender essa sabedoria aumentará. Quanto mais geometria nas formações, mais a humanidade será estimulada a se desenvolver espiritualmente.

As formas que apareceram nos últimos anos possibilitam uma abertura mais rápida da consciência humana como um todo. Além disso, elas deixam as pessoas mais dispostas a se abrir de modos que façam que o seu conhecimento mais profundo propicie a autocura.

A absorção de informação será mais rápida por meio dessa geometria e proporcionará uma dimensão extra aos cinco sentidos que usamos atualmente. Desse modo, as pessoas são conscientemente preparadas para crescer física, mental, emocional e espiritualmente.

Visto que a maioria das pessoas é mais visual, absorvemos com mais rapidez os códigos no nosso subconsciente contemplando-os, em vez de ouvindo ou lendo sobre eles. Quando sintonizamos e fitamos os códigos, a geometria e as cores, a informação que eles transmitem fica armazenada no nosso subconsciente.

Esses códigos estão aqui para estimular e despertar você. Os agroglifos e hologramas são modelados nas formas complexas da Geometria Sagrada, porque essas formas podem sintetizar uma grande quantidade de informações, venham elas de onde vierem. Outro motivo para usar a geometria neste planeta é que ela contém um simbolismo muito mais poderoso do que qualquer linguagem escrita. Essa geometria provoca uma reação mais ampla nas pessoas de todo o mundo, independentemente da língua que falam. Os arcturianos que enviam essas mensagens estão conscientes de que a geometria ressoa dentro das pessoas em muitos níveis diferentes.

fotografia: Bert Janssen

O que é um círculo nas plantações?

Um círculo nas plantações, ou agroglifo, é um padrão plano num campo cultivado. Esse campo pode conter qualquer coisa: trigo, capim, colza, arroz etc. O padrão pode ter qualquer formato ou forma: um círculo, um anel, uma combinação de formas, uma geometria complexa, e às vezes até mesmo rabiscos. Às vezes a geometria é perfeita, a ponto de tirar o fôlego; outras vezes é totalmente confusa.

Quando ocorre o agroglifo, as plantas são achatadas no solo, como se uma figura fosse impressa no campo, a partir de cima. Entretanto, as plantas não morrem, elas continuam a crescer. Primeiro continuam crescendo na horizontal, paralelamente ao solo, depois de algumas horas se voltam outra vez na direção da luz e continuam a crescer na vertical.

fotografia: Bert Janssen

Há mais de vinte anos os agroglifos têm sido exaustivamente investigados. Diferentes campos de estudo participam dessa pesquisa e os resultados são, em sua maior parte, assombrosos. Não é minha intenção fazer um relato completo dessas pesquisas sobre "eventos estranhos". Entretanto, farei um resumo das realizadas por Janet Ossebaard, uma especialista em agroglifos que, ao descobrir certas anomalias nesse fenômeno, estimulou os cientistas a iniciar um exame mais profundo e estruturado.

Muitas vezes acontece de as plantas do interior do agroglifo não conterem nenhuma semente. Na maioria dos casos isso acontece quando os círculos ocorrem em plantações novas (isto é, quando o grão não está ainda totalmente formado).

Nodos alongados e explodidos

Os nodos explodidos são o resultado de um calor breve e intenso. O fluido dentro da planta é transformado em vapor e se expande devido ao calor (uma energia ainda desconhecida). Quando a planta ainda não está madura, a pressão pode ser captada pelos nodos: a parte mais flexível da planta. Esses nodos esticam e ficam nessa posição alongada, mesmo quando a energia já não está mais presente. Nos agroglifos podemos encontrar esses nodos alongados no início da estação, quando as plantas ainda não amadureceram completamente.

Nodos alongados e explodidos nunca são encontrados em agroglifos feitos pelo homem, simplesmente porque eles não podem ser produzidos com recursos mecânicos.

Insetos mortos

Não é raro serem encontradas dúzias de insetos mortos nos círculos nas plantações. Esses insetos ficam presos pela língua nas sementes dos caules eretos e morrem dessa maneira. Do lado de fora do círculo não são encontrados insetos mortos. Até hoje a análise laboratorial não conseguiu encontrar a causa da morte desses insetos, entretanto ela exclui pesticidas e fungos.

Grandes quantidades de magnetita

No solo de muitos agroglifos pode-se encontrar grande quantidade de magnetita, às vezes até oitocentas vezes mais do que a quantidade habitual. Isso é causado por um campo magnético poderoso na ionosfera (atmosfera mais elevada), que atrai poeira de meteoros (magnetita). A magnetita é sugada para baixo, em direção à terra, e cai no círculo recém-formado.

Além disso, parece que no inverno a neve derrete nos lugares onde os agroglifos foram feitos, meses antes, quase como se o solo nesse lugar estivesse alguns graus mais quente do que o normal.

Onde aparecem os círculos nas plantações?

Os círculos nas plantações ocorrem em todo o mundo, como na Holanda, na Bélgica, na Alemanha, na Inglaterra, na Polônia, na Dinamarca, na Finlândia, na Rússia, nos Estados Unidos e no Canadá*.

No entanto, a Inglaterra é o seu "berço": nesse país não só a quantidade é maior, como também, todos os anos, aparecem formas e modelos mais complexos.

Não sabemos por que certos lugares continuam a atrair os agroglifos. Parece que isso tem algo a ver com a presença de linhas dentro e ao redor da Terra, as chamadas linhas *ley*. Os nossos ancestrais conheciam muito bem essas linhas de energia e muitas vezes construíam santuários nesses lugares (dólmens, círculos de pedra, pirâmides, etc.). Possivelmente é por isso que existem tantos agroglifos no centro e no sul da Inglaterra, onde linhas *ley* muito fortes se cruzam. (Um exemplo impressionante é Stonehenge, em Wiltshire, o lugar onde mais ocorre esse fenômeno!)

Além das linhas *ley*, o solo e o nível das águas também podem influenciar a aparição dos agroglifos. O terreno calcário de Wiltshire, por exemplo, absorve água, o que facilmente causa eletricidade estática, favorecendo a condução da energia das formações.

Stonehenge em Wiltshire

fotografia: Bert Janssen

---
* No Brasil, esses círculos também já foram registrados.

Geometria

Desde os primórdios da humanidade, características especiais são atribuídas à Geometria Sagrada, daí sua denominação. Isso ocorre com Pitágoras e Platão, na antiga Grécia, mas na Grã-Bretanha também foram encontradas esculturas de pedra compostas pelos cinco sólidos platônicos, que têm no mínimo mais de 12 mil anos de idade. A humanidade sempre teve um interesse especial pela geometria.

Por trás da geometria, espreita o mistério da criação. Esse mistério está intimamente ligado com a ciência da Geometria Sagrada. Nossos ancestrais, como os maias, os egípcios, os celtas, os druidas e os templários, conheciam muito mais sobre essa matéria. Naquele tempo, os sacerdotes eram capazes de vivenciar outros níveis de consciência.

A geometria está profundamente enraizada no nosso corpo, na nossa memória celular e na nossa consciência. Portanto, a concentração nas formas da Geometria Sagrada traz à tona várias questões que precisam ser curadas.

Nas antigas tradições de meditação, como na indiana, as pessoas se concentram em formas geométricas, como as mandalas, para promover o crescimento interior. Há milhares de anos percebeu-se que a geometria tem um determinado efeito sobre a nossa consciência. Essas mandalas eram pintadas à mão. Elas retratam ideias abstratas como o tempo, dimensões mais elevadas e estados expandidos de consciência. A estrutura da mandala e a ilusão de ótica que ela provoca, aliados à sua geometria, levam a pessoa que medita a um estado de expansão da consciência. Os físicos que pesquisaram a teoria da relatividade e da física quântica reconheceram a matemática de uma dimensão superior da Geometria Sagrada.

A geometria faz parte de todas as coisas vivas deste planeta e também de tudo o que está além. Podemos dizer que tudo é geometria, até os seres humanos. Nós não nos vemos como formas geométricas. Os nossos sentidos detêm o que realmente percebemos. Os seres humanos são modelos de energia compostos de corpos energéticos.

A geometria oculta

Que geometria oculta existirá, por exemplo, nos códigos dos hologramas abaixo?

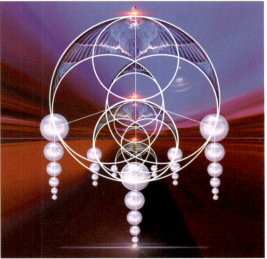

Reconstruções dos círculos nas plantações

Zef Damen

Para que são feitas as reconstruções?

As reconstruções são feitas para entendermos melhor o desenho do holograma. Trata-se de uma planta baixa da figura que foi "impressa" no campo cultivado. Embora sejam muito empolgantes, as reconstruções não servem para demonstrar como os agroglifos são feitos nas plantações. Quem acompanhar as minhas reconstruções descobrirá que, no final, linhas supérfluas são muitas vezes eliminadas, e é claro que nas plantações isso é inteiramente impossível!

Existem ao menos dois métodos para se fazer a reconstrução. O primeiro é tirar as medidas da formação real e então fazer um desenho com essas medidas (naturalmente, em escala), do modo mais exato possível. Em vez da formação real, você também pode usar uma imagem aérea para tirar as medidas, mas nesse caso é preciso atentar para a distorção que esse método causa na perspectiva e consequentemente nas medições.

O segundo método é o meu preferido. É baseado em medições, mas vai um passo além. Ele procura encontrar a relação entre todas as partes que compõem a formação. Muitos padrões da formação dos agroglifos mostram uma intrigante coerência interior que nos convida, por assim dizer, a descobri-la. Segundo constatei, "construções do tipo régua e compasso" são muito apropriadas para executar essas reconstruções.

Como são feitas as reconstruções dos círculos nas plantações?

Normalmente, isso exige que se cumpram algumas etapas. Em primeiro lugar, eu uso o programa Microsoft Word para inserir a figura aérea como plano de fundo, e desenho elipses e linhas sobre ela, de acordo com o padrão, procurando ser o mais exato possível. Isso me ajuda a ter uma ideia das relações internas e também me proporciona um meio para fazer as medições.

Se o desvio da perspectiva não for muito grande, as linhas continuam sendo linhas e os círculos se tornam elipses. Exceto pelos que realmente são muito grandes, os grandes círculos se tornam elipses distorcidas.

A reconstrução propriamente dita é feita no programa de computador AutoCAD. O AutoCAD é uma ferramenta perfeitamente adequada para se fazer construções do tipo régua e compasso, apesar do fato de, internamente, funcionar apenas por meio numérico. No caso das construções, esse programa permite o uso de todos os tipos de pontos especiais (que são calculados com elevada precisão), como interseções, centros, pontos tangentes, pontos finais, pontos centrais etc. Todos esses pontos têm contrapartes para construções do tipo régua e compasso.

Quando começo a executar a reconstrução, muitas vezes reproduzo as medidas, a fim de descobrir pontos especiais que coincidam com os que foram medidos. Quando encontro bons candidatos, começo uma construção precisa do tipo régua e compasso. Se eu for bem-sucedido, esse procedimento resulta num diagrama completo da formação.

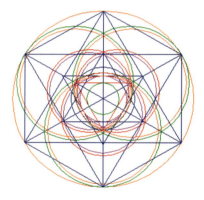

Em seguida vem um passo mais difícil. A correspondência. Na minha opinião, essa é uma etapa importante. Quanto maior é a correspondência entre o resultado da reconstrução e o quadro original, melhor é a "prova", de que se trata efetivamente de uma reconstrução!

Reconstrução da Formação de Milk Hill, de 26-06-2004

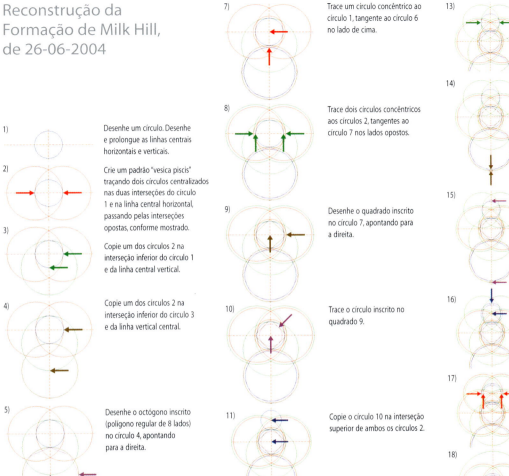

1) Desenhe um círculo. Desenhe e prolongue as linhas centrais horizontais e verticais.

2) Crie um padrão "vesica piscis" traçando dois círculos centralizados nas duas interseções do círculo 1 e na linha central horizontal, passando pelas interseções opostas, conforme mostrado.

3) Copie um dos círculos 2 na interseção inferior do círculo 1 e da linha central vertical.

4) Copie um dos círculos 2 na interseção inferior do círculo 3 e da linha vertical central.

5) Desenhe o octógono inscrito (polígono regular de 8 lados) no círculo 4, apontando para a direita.

6) Trace o círculo inscrito no octógono 5.

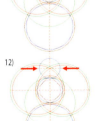

7) Trace um círculo concêntrico ao círculo 1, tangente ao círculo 6 no lado de cima.

8) Trace dois círculos concêntricos aos círculos 2, tangentes ao círculo 7 nos lados opostos.

9) Desenhe o quadrado inscrito no círculo 7, apontando para a direita.

10) Trace o círculo inscrito no quadrado 9.

11) Copie o círculo 10 na interseção superior de ambos os círculos 2.

12) Desenhe e prolongue a linha central horizontal do círculo 11.

13) Crie um padrão "vesica piscis" como os círculos 2, desenhando dois círculos centralizados em ambas as interseções do círculo 11 e sua própria linha central horizontal, passando através das interseções opostas, conforme a ilustração.

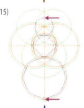

14) Trace um círculo centralizado no ponto angular inferior do octógono 5, tangente ao círculo 6 do lado inferior.

15) Copie o círculo 14 na interseção superior do círculo 11 e a linha central vertical.

16) Trace um círculo concêntrico ao círculo 11, tangente ao círculo 15 no lado superior.

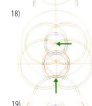

17) Trace dois círculos concêntricos aos círculos 13, tangentes ao círculo 16 nos lados opostos.

18) Trace um círculo concêntrico ao círculo 11, tangente ao círculo 7 no lado inferior.

19) Trace um círculo concêntrico ao círculo 18, tangente ao círculo 10 no lado inferior.

17

20) Trace um círculo centralizado na interseção superior de ambos os círculos 13, tangente ao círculo 11 no lado superior.

21) Desenhe e prolongue a linha central horizontal do círculo 20.

22) Crie um padrão "vesica piscis" traçando dois círculos centralizados em ambas as interseções do círculo 20 e sua própria linha central horizontal, passando através das interseções opostas.

23) Trace um círculo concêntrico ao círculo 20, tangente ao círculo 15 no lado inferior.

24) Trace dois círculos concêntricos aos círculos 22, tangentes ao círculo 23 nos lados opostos.

25) Trace um círculo concêntrico ao círculo 20, tangente ao círculo 16 no lado inferior.

26) Trace um círculo concêntrico ao círculo 25, passando através da interseção inferior do círculo 11 e à esquerda do círculo 2.

27) Trace o triângulo equilátero inscrito no círculo 23, apontando para cima.

28) Trace o círculo inscrito no triângulo 27.

29) Copie o círculo 28 na interseção superior de ambos os círculos 22.

30) Desenhe e prolongue a linha horizontal central do círculo 29.

31) Crie um padrão "vesica piscis", construindo dois círculos centralizados em ambas as interseções do círculo 29 e sua própria linha central horizontal, passando através das interseções opostas.

32) Copie o círculo 15 na interseção inferior do círculo 29 e a linha central vertical.

33) Trace um círculo concêntrico ao círculo 29, tangente ao círculo 32 no lado inferior.

34) Trace dois círculos concêntricos aos círculos 31, tangentes ao círculo 33 nos lados opostos.

35) Trace um círculo concêntrico ao círculo 29, tangente ao círculo 21 no lado inferior.

36) Trace um círculo concêntrico ao círculo 35, passando através da interseção inferior do círculo 20 e à esquerda do círculo 13.

37) Trace dois círculos centralizados na interseção superior de ambos os círculos 31, tangentes aos círculos 35 e 36 respectivamente, ambos nos lados superiores.

38) Copie o círculo 23 na interseção superior do círculo 35 e a linha central vertical.

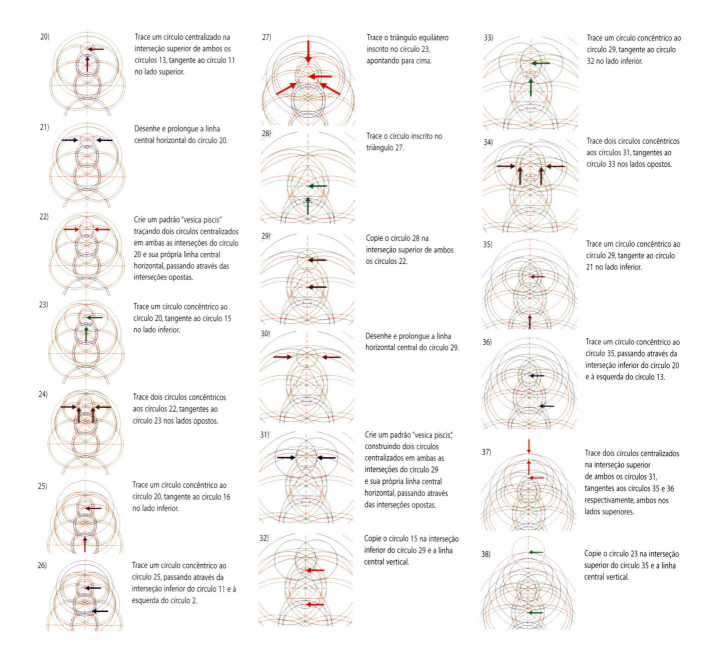

39) Copie o círculo 20 na interseção superior do círculo 38 e a linha central vertical.

40) Copie o círculo 38 no centro do círculo 39, e copie o círculo 28 na interseção superior com a linha central vertical.

41) Copie o círculo 28 na interseção superior do círculo superior 40 e a linha central vertical.

42) Trace um círculo centralizado na interseção superior do círculo 39 e a linha central vertical, tangente ao círculo 40 no lado inferior.

43) Trace um círculo concêntrico ao círculo 41, tangente ao círculo 39 no lado superior.

44) Copie o círculo 42 na interseção superior do círculo 43 e a linha central vertical.

45) Copie o círculo 42 na interseção superior do círculo 44 e a linha central vertical.

46) Trace o quadrado circunscrito no círculo 4, com seus lados na horizontal e na vertical.

47) Trace um círculo concêntrico ao círculo 4, passando através da interseção à direita do círculo 8 e o lado direito do quadrado 46. Copie esse círculo na interseção inferior do círculo 4 e a linha central vertical.

48) Copie o círculo inferior 47 na interseção superior com a linha central vertical. Chame a interseção superior desse círculo e a linha vertical central de ponto A.

49) Trace um círculo concêntrico ao círculo 48, tangente ao círculo 6 no lado inferior. Chame a interseção superior desse círculo e a linha vertical central de Ponto B. Ponto A e ponto B serão usados em várias construções algumas etapas abaixo.

50) Copie o círculo 6 na interseção do círculo 4 e a linha vertical central.

51) Trace um círculo centralizado na interseção superior do círculo 50 e a linha vertical central, passando pelo ponto A.

52) Trace um círculo concêntrico ao círculo 51, passando pelo ponto B.

53) Desenhe a linha horizontal central do círculo 6 e a prolongue até o círculo 51 em ambas as direções.

54) Trace um círculo centralizado na interseção inferior do círculo 4 e a linha central vertical, passando através da interseção à direita (e à esquerda) da linha central 53 e do círculo 51. Copie este círculo no ponto B.

55) Copie o círculo inferior 54 na interseção inferior do círculo superior 54 e a linha vertical central.

56) Trace um círculo concêntrico ao círculo 55, passando através do ponto A.

57) Trace o quadrado circunscrito no círculo 55, com seus lados na horizontal e na vertical.

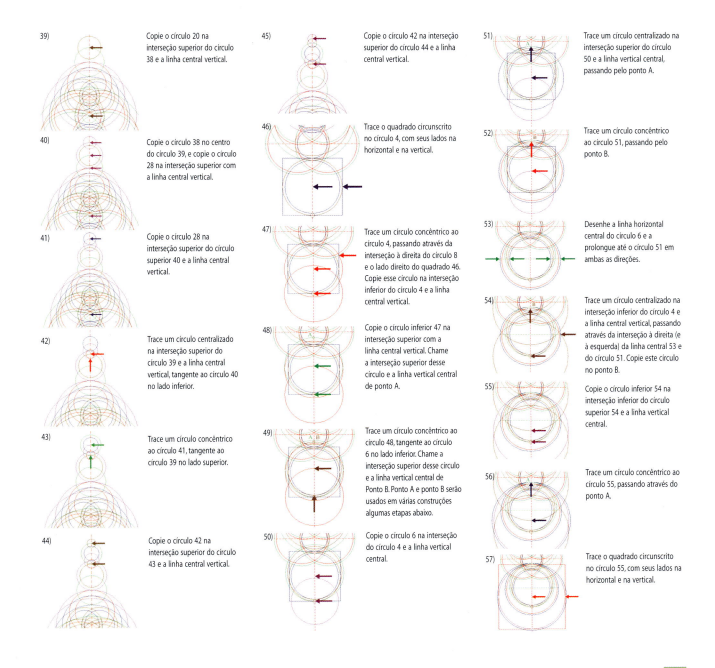

58) 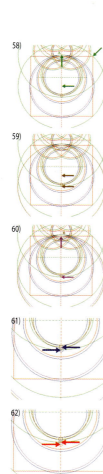 Trace o círculo circunscrito do quadrado 57. Copie esse círculo no ponto A.

59) Copie o círculo inferior 58 na interseção inferior do círculo superior 58 e a linha vertical central.

60) 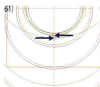 Trace um círculo concêntrico ao círculo 59, passando pelo ponto B.

61) 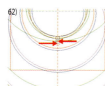 Copie o círculo 14 na interseção do círculo superior 58 e a linha vertical central.

62) 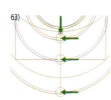 Copie o círculo 61 na sua interseção inferior com a linha vertical central.

63) Trace um círculo centralizado na interseção inferior do círculo 52 e a linha vertical central, passando através do centro do círculo 62. Copie esse círculo duas vezes, na interseção inferior dos círculos 55 e 60, respectivamente, ambos com as linhas verticais centrais.

64) 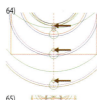 Copie o círculo 14 duas vezes, nas interseções superiores dos dois círculos inferiores 63 e as linhas verticais centrais.

65) Trace um círculo concêntrico ao círculo superior 64, passando pelo ponto A.

66) Copie o círculo 65 na interseção superior do círculo 62 e a linha vertical central.

67) Desenhe a linha horizontal central do círculo 65.

68) Trace um círculo concêntrico ao círculo 65, passando através da interseção direita (e esquerda) do círculo 66 e a linha central 67.

69) 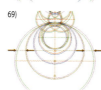 Trace a linha central horizontal do círculo 59 e prolongue-a até o círculo 65 em ambas as direções.

70) Desenhe um círculo centralizado na interseção direita do círculo 68 e a linha central 69, tangente ao círculo 59 no lado mais próximo.

71) Trace um círculo centralizado na interseção inferior dos círculos 68 e 70, tangente ao círculo 65 no lado próximo.

72) Trace um círculo concêntrico ao círculo 70, tangente ao círculo 71 no lado inferior.

73) Trace um círculo centralizado na interseção (esquerda) do círculo 72 e a linha central 69, tangente ao círculo 56 no lado próximo.

74) Trace um círculo concêntrico na interseção superior dos círculos 60 e 73, tangente ao círculo 56 no lado próximo.

75) Copie o círculo 71 na interseção inferior dos círculos 60 e 74.

76) 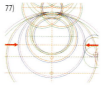 Trace um círculo concêntrico ao círculo 74 tangente ao lado inferior do círculo 75 no lado próximo.

77)  Desenhe a linha horizontal central do círculo 56.

7

78) 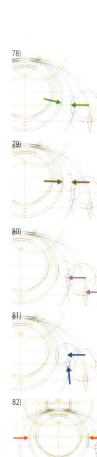 Trace um círculo centralizado na interseção (esquerda) do círculo 76 e a linha central 77, tangente ao círculo 51 no lado próximo.

85) Copie o círculo 80 na interseção inferior dos círculos 52 e 84.

91)  ...ou com caules inclinados, e termine a reconstrução da formação de Milk Hill, de 26-06-2004.

79) Trace um círculo centralizado na interseção superior dos círculos 55 e 78, tangente ao círculo 51 no lado próximo.

86) Trace um círculo concêntrico ao círculo 84, tangente ao círculo 85 no lado inferior.

92) O resultado final corresponde à imagem aérea.

80) Copie o círculo 75 na interseção inferior dos círculos 55 e 79.

87) Copie os círculos 70, 72, 74, 76, 79, 81, 84 e 86, enquanto espelha o conjunto completo com relação à linha central vertical.

81) Trace um círculo concêntrico ao círculo 79, tangente ao círculo 80 no lado inferior.

88)  Para a reconstrução final, é necessário o seguinte conjunto de círculos: 1, 2, 4, 7, 8, 11, 13, 16, 17, 18, 19, 20, 22, 23, 24, 25, 26, 29, 33, 34, 35, 36, 37, 39, 41, 45, 48, 49, 51, 52, 55, 56, 59, 60, 62, 64, 65, 68, 70, 72, 74, 76, 79, 81, 84, 86 e 87.

82) Desenhe a linha horizontal central do círculo 51.

89) Deixe de fora todas as partes que não são visíveis na formação propriamente.

83) 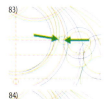 Trace um círculo centralizado na interseção (esquerda) do círculo 81 e da linha central 82, tangente ao círculo 48 no lado próximo.

90)  Pinte de uma cor todas as áreas que correspondem às plantas com caules eretos.

84) Trace um círculo centralizado na interseção superior dos círculos 52 e 83, tangentes ao círculo 48 no lado próximo.

21

MANDALAS EXTRATERRESTRES

DECODIFICADAS

Encontrado em 5 de agosto de 2001

Knap Hill, Wiltshire, Inglaterra

Fotografia: Janet Ossebaard

Terceira onda

A energia da **Terceira Onda** torna você consciente da sua escolha de estar aqui na Terra.

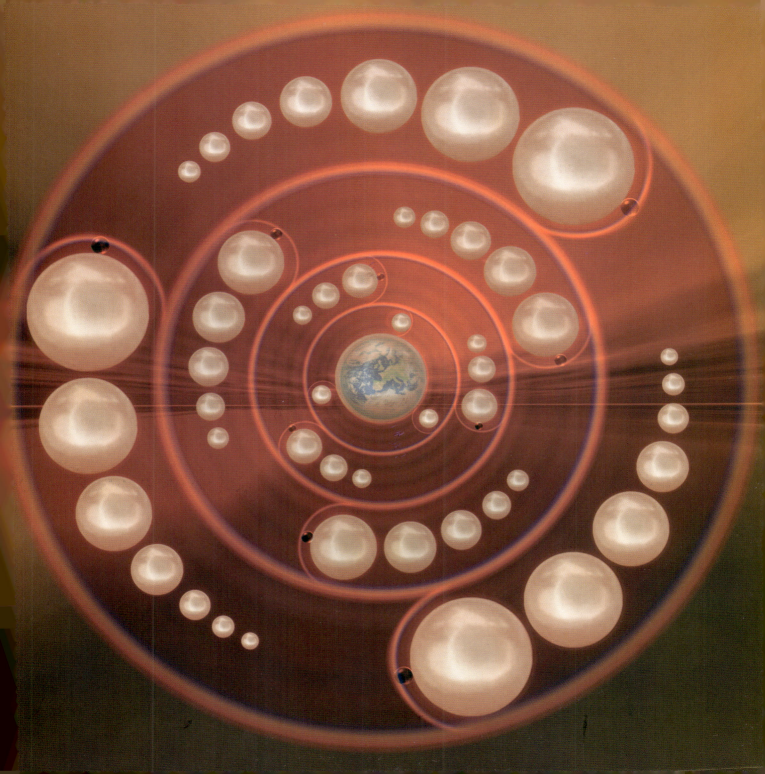

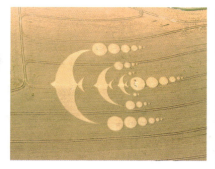

Encontrado em 4 de agosto de 2003

Walkers Hill, Wiltshire, Inglaterra

1. Fotografia: Bert Janssen
2. Fotografia: Roeland Beljon

Transição

A energia da **Transição** irradia confiança e prepara você para novos tempos.

Encontrado em 17 de junho de 2003

Highdown Farm, Hertfordshire, Inglaterra

Fotografia: Steve Alexander

Contato

A energia do **Contato** lhe permite sentir que todas as portas para a sua Fonte interior se abrirão quando você se render ao fluxo e segui-lo sem oferecer resistência.

Encontrado em 22 de julho de 2001

Yatesbury, Wiltshire, Inglaterra

Fotografia: Bert Janssen

Comunicação

A energia da **Comunicação** faz com que você se dê conta de que é capaz de se comunicar com o seu corpo, compreender os seus sinais e tratar dos seus males. Essa energia leva o seu corpo e o seu espírito a estabelecerem um contato mais profundo.

Encontrado em 4 de julho de 2003

Yatesbury, Wiltshire, Inglaterra

Fotografia: Steve Alexander

Entrega

A energia da **Entrega** ajuda você a se concentrar no seu coração e nos seus sentimentos. A entrega é necessária para que você abandone padrões obsoletos que o impedem de abrir o coração. A entrega dissipa o seu medo.

Encontrado em 28 de julho de 2002

Círculo de Pedra de Avebury, Wiltshire, Inglaterra

1. Fotografia: Janet Ossebaard
2. Fotografia: Bert Janssen

Ilusão

A energia da **Ilusão** torna você consciente de que só pode encontrar segurança dentro de si mesmo. Pare de procurar uma tábua de salvação, pois ela é certamente uma certeza ilusória.

Encontrado em 20 de julho de 2003

Hackpen Hill, Wiltshire, Inglaterra

Fotografia: Bert Janssen

Integração

A energia da **Integração** ajuda você a aplicar na vida diária as novas verdades que aprendeu. Essa energia torna você consciente de que é responsável pelas suas próprias ações.

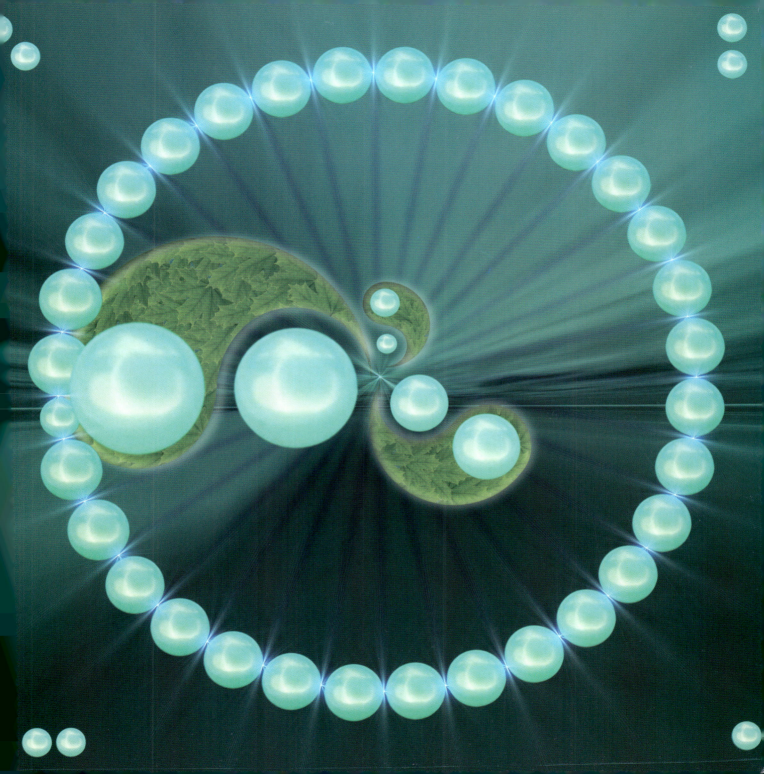

Encontrado em 13 de julho de 2003

Avebury Trusloe, Wiltshire, Inglaterra

Fotografia: Bert Janssen

Libertação

A energia da **Libertação** lhe dá força para abandonar seus julgamentos sobre si mesmo. A sensação de liberdade resultante fortalece a sua autoestima e a imagem que faz de si mesmo.

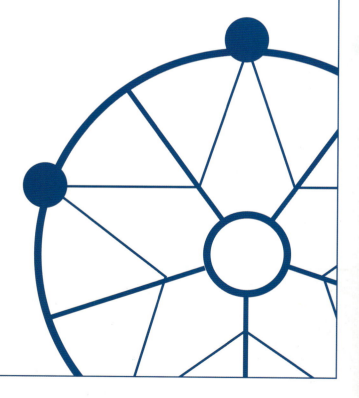

Encontrado em 29 de junho de 2003

Sharpenhoe, Bedfordshire, Inglaterra

Fotografia: Steve Alexander

Iluminação

A energia da **iluminação** ajuda você a compreender que é um ser de luz. Você é a personificação da Força e da Divindade.

Encontrado em 24 de julho de 1999

Província de Zeeland, Holanda

Fotografia: Joop van Houdt

Liberação

A energia da **Liberação** mostra o seu verdadeiro eu e elimina seus preconceitos acerca de si mesmo. Dessa maneira, e devido à mudança nos seus padrões de pensamento, seu cérebro estimula o seu DNA a continuar se desenvolvendo.

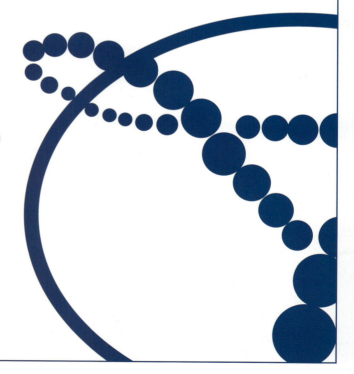

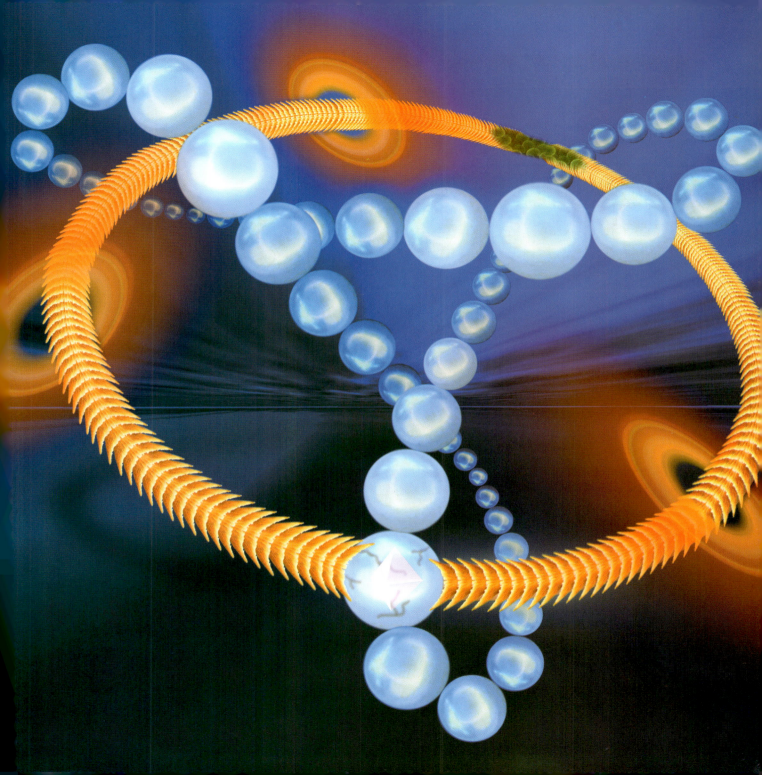

Encontrado em 20 de julho de 2003

West Stowell, Wiltshire, Inglaterra

Fotografia: Bert Janssen

Sabedoria

A energia terrena da **Sabedoria** centraliza você no seu corpo, dando acesso à sua sabedoria interior.

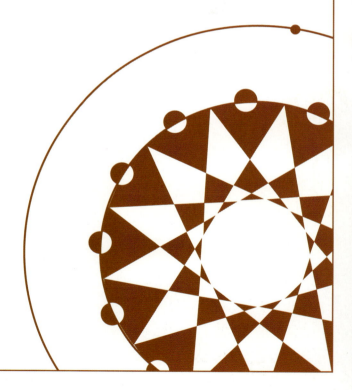

Encontrado em 22 de julho de 2003

Scrope Wood, Wiltshire, Inglaterra

Fotografia: Bert Janssen

Percepção

A energia da **Percepção** faz você ver além do que os seus olhos veem. Ela mantém você no aqui e agora e o deixa mais alerta.

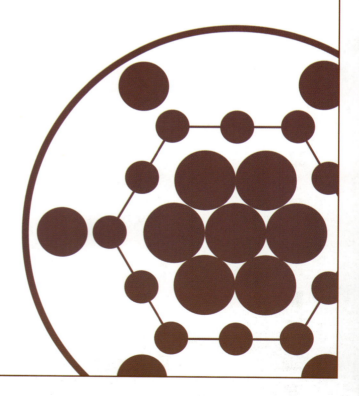

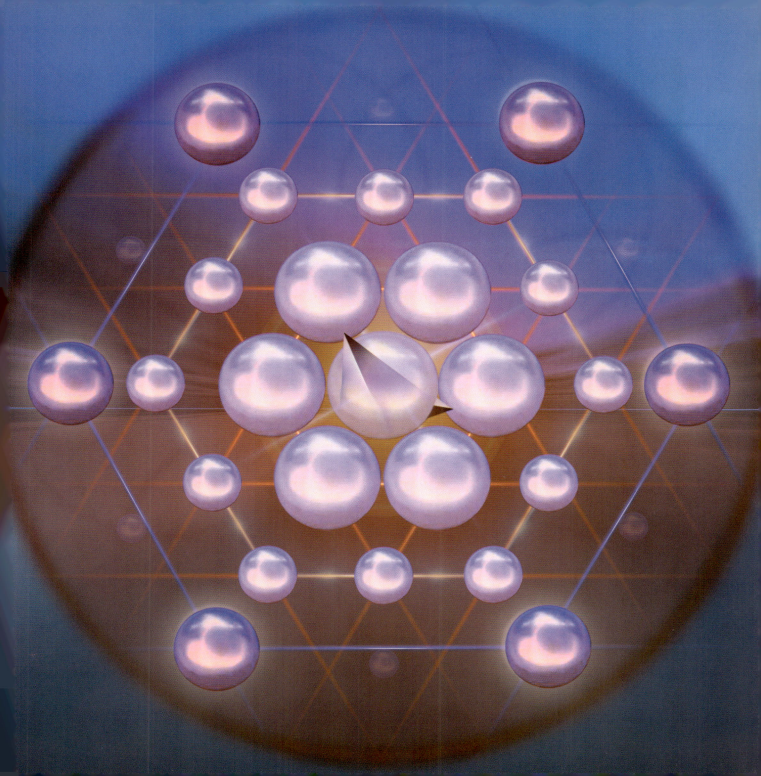

Encontrado em 18 de julho de 2003

Weyhill, Hampshire, Inglaterra

Fotografia: Steve Alexander

Conexão

A energia da **Conexão** ajuda você a conectar o seu coração ao seu Eu Superior. Ouça essa sabedoria interior.

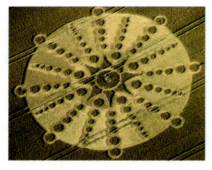

Encontrado em 28 de julho de 2001

Old Shaw Village, Wiltshire, Inglaterra

Fotografia: Bert Janssen

Lealdade

A energia da **Lealdade** ajuda você a ser leal consigo mesmo. Às vezes isso significa ser desleal com outra pessoa, talvez até mesmo com um amigo. Depois que aprender a fazer isso, você poderá ser totalmente leal sem se esquecer de si mesmo.

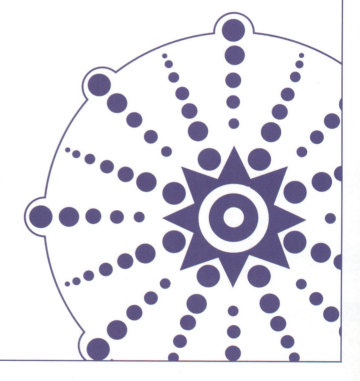

Encontrado em 22 de julho de 2001

Lane End Down, Hampshire, Inglaterra

Fotografia: Steve Alexander

Franqueza

A energia da **Franqueza** ajuda você a dar uma olhada franca e honesta em si mesmo. Com bastante frequência, temos todos os tipos de sabotador agindo contra nós num nível subconsciente e impedindo que possamos sentir o que é realmente importante. Essa energia nos ajuda a reconhecer isso e a nos sentir num nível mais profundo.

Encontrado em 18 de agosto de 1997

Hackpen Hill, Wiltshire, Inglaterra

Fotografia: Steve Alexander

Intenção

A energia da **Intenção** ajuda você a confirmar as suas escolhas. Confie nas escolhas que faz, sabendo que elas são simplesmente o melhor para você.

Encontrado em 7 de junho de 2003

Windmill Hill, Wiltshire, Inglaterra

Fotografia: Steve Alexander

Dualidade

A energia da **Dualidade** ajuda você a ficar em paz com a sua própria dualidade interior. Ela o auxilia a viver em equilíbrio, em unidade e harmonia, de modo que possa continuar seu caminho com uma consciência cósmica. Com ela você consegue descobrir a vida por meio do prazer e da diversão.

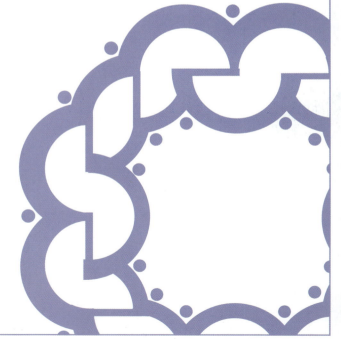

Encontrado em 28 de maio de 2004

Loose Bottom, East Sussex, Inglaterra

Fotografia: Steve Alexander

Equilíbrio

A energia do **Equilíbrio** ajuda você a se reconhecer. Se for fiel aos seus sentimentos, se reconhecer a sua própria verdade, nada será capaz de perturbar o seu equilíbrio.

Encontrado em 26 de julho de 2002

Ivinghoe Beacon, Buckinghamshire, Inglaterra

Fotografia: Andrew King

Cura

A energia da **Cura** ajuda você a se curar primeiro, para depois poder curar todos ao seu redor.

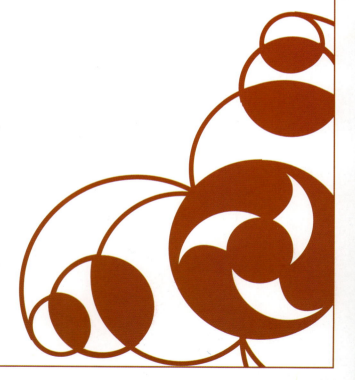

Encontrado em 16 de junho de 2004

Honey Street, Wiltshire, Inglaterra

1. Fotografia: Bert Janssen
2. Fotografia: Roeland Beljon

Perdão

A energia do **Perdão** ajuda você a ter força para se perdoar por qualquer julgamento que tenha imposto a si mesmo. Perdoe-se, pois você agiu de acordo com o conhecimento que tinha na época. Você não errou.
O perdão lhe mostra que não há nada a perdoar.

Encontrado em 26 de junho de 2004

Milk Hill, Wiltshire, Inglaterra

1. Fotografia: Bert Janssen
2. Fotografia: Roeland Beljon

Frequência

A energia da **Frequência** ajuda você a permanecer dentro da sua própria energia. Muitas vezes nós nos adaptamos aos outros, elevando-nos ou rebaixando-nos a uma frequência que não é a nossa.

Encontrado em 17 de julho de 2004

Windmill Hill, Wiltshire, Inglaterra

1. Fotografia: Steve Alexander
2. Fotografia: Annemieke Witteveen

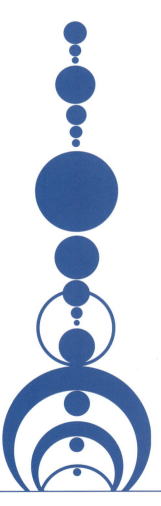

Renascimento

A energia do **Renascimento** ajuda você a se libertar de tudo o que é velho e a se familiarizar com tudo o que é novo, acostumando-se, assim, à sua nova realidade.

Encontrado em 28 de julho de 2004

Tan Hill, Wiltshire, Inglaterra

1. Fotografia: Bert Janssen
2. Fotografia: Roeland Beljon

Emersão

A energia da **Emersão** ajuda você a sair do seu casulo para sempre, sem sentimentos de dúvida e insegurança, de modo que possa abrir as asas e mostrar quem realmente é.

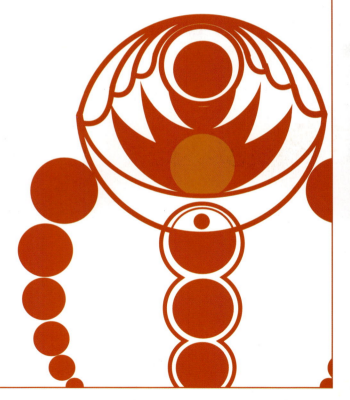

Encontrado em 2 de agosto de 2004

Silbury Hill, Wiltshire, Inglaterra

Fotografia: Bert Janssen

Mudança no tempo

A energia da **Mudança no tempo** lembra você de que já viveu muito mais experiências no passado do que viverá no futuro. O tempo parece que vai continuar acelerando até 2012.
Essa energia ajuda a amenizar a sensação de que não há tempo suficiente para fazer tantas coisas. Há tempo de sobra...

O ano de 2012

O tempo está mudando

Para muitas pessoas, a estação dos círculos nas plantações é um período empolgante. Todos os anos, no final de setembro, as plantações são finalmente ceifadas, quando as imagens já desapareceram. As opiniões sobre as diferentes formações divergem, mas todos os anos a maioria das pessoas chega a um consenso sobre quais formações foram as mais magníficas da estação. Tome como exemplo o destaque de 2004. Propagada em duas noites (2 e 3 de agosto de 2004), a formação maia apareceu perto de Sillbury Hill, no sul da Inglaterra. Qual é a mensagem do belo agroglifo?

fotografia: Steve Alexander

Quando me concentrei nesta esplêndida formação, imediatamente surgiram as primeiras imagens. Comecei a sentir vertigem, tive a sensação de que o tempo estava ficando mais lento e acelerando ao mesmo tempo. Perdi toda a noção de tempo...

Esse agroglifo auxilia o processo de evolução da humanidade e da Terra em nossa jornada rumo ao próximo nível de consciência, jornada esta que tem 2012 como ponto de mutação. Existem muitas histórias sobre esse ano. Algumas pessoas acreditam que tudo chegará ao fim, outras predizem o retorno dos grandes mestres. De acordo com Saïe, tudo ficará melhor, desde que nos tornemos mais conscientes de quem somos e da razão por que estamos aqui. Se resistirem à energia de mudança na Terra, os seres humanos ficarão confusos e exaustos. Muitas civilizações que desenvolveram uma consciência mais elevada sabem disso. Os maias, os druidas e os celtas são exemplos; eles entendiam o que estava acontecendo. Tenha em mente que a contagem maia do tempo, ou calendário maia, termina em dezembro de 2012.

Essa mensagem também pode ser encontrada nos agroglifos. Ela nos estimula a nos entregarmos ao fluxo e a ter fé no nosso próprio poder; a nos tornarmos mais conscientes e questionarmos sobre o que realmente estamos sentindo e desejando. Quando ousarmos nos entregar ao nosso coração, não sofreremos tanto com os efeitos colaterais desse processo de evolução. Esse é um tempo de criação.

Nós também sentimos às vezes que o tempo está acelerando, quase como se estivéssemos caindo em espiral numa dobra do tempo. Saïe me contou que isso é um efeito do nosso processo de evolução, pelo qual estamos nos tornando mais conscientes. Encarnamos muitas vezes e já vivemos muitas vidas. No nível inconsciente, o tempo que temos pela frente parece curto. Por essa razão tendemos a querer fazer tantas coisas. Acreditamos que "o tempo é curto". Por isso o holograma que apareceu nesta plantação é chamado de "Mudança no Tempo". Tudo na nossa vida é uma escolha. Que aparência temos? Como nos sentimos? Se sentimos que não temos mais tempo suficiente, recebemos, por meio do nosso próprio poder do pensamento, a confirmação de que estamos de fato sem tempo. Mas, quando compreendemos que temos tudo em quantidade suficiente, até mesmo o tempo, recebemos a confirmação de que temos tempo suficiente. Isso nos permite crescer mais depressa e nos deixa conscientemente mais preparados para essa mudança em 2012. Mais serenos, somos capazes de aproveitar as nossas próprias criações e a beleza que nos cerca.

Uma mensagem final de Saïe com respeito a esse agroglifo é que devemos nos tornar mais conscientes de que todos somos criadores e de que, ao mudar a vibração e a energia, começamos a reconquistar nosso poder. Agora temos permissão para lembrar quem realmente somos. Por essa razão, Saïe está nos alertando para que tomemos consciência dos nossos pensamentos. O poder do nosso pensamento está se desenvolvendo muito mais depressa do que poderíamos imaginar. O círculo desse poder é a criação das confirmações. Através dos séculos, as pessoas tenderam a analisar os acontecimentos de um ponto de vista negativo. Nesse caso, o negativo é confirmado. Em outras palavras, podemos obter confirmação de tudo o que desejamos! Apenas compreenda que isso é uma dádiva! Portanto, observemos os nossos pensamentos, visto que podemos criar o céu na Terra quando vivermos com mais consciência. E isso é precisamente o que eu gostaria de ver confirmado. Eu vou apostar nisso; você me acompanha?

fotografia: Bert Janssen

73

Encontrado em 13 de agosto de 2001

Milk Hill, Wiltshire, Inglaterra

Fotografia: Janet Ossebaard

Confirmação

A energia da **Confirmação** nos conta que a nossa consciência está se desenvolvendo rapidamente. Tudo o que pensamos é realmente confirmado. Se pensarmos ou vivermos com medo, esse medo de fato será confirmado. Desenvolva o poder dos seus pensamentos e crie o que realmente quer. Então seus desejos serão confirmados.

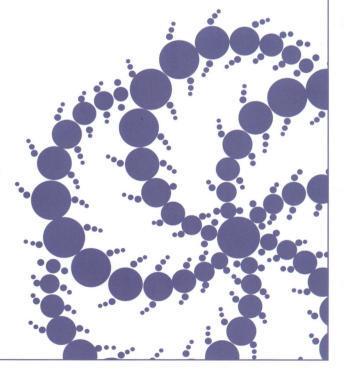

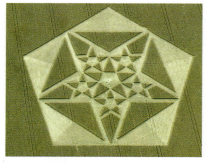

Encontrado em 6 de julho de 2003

Green Street, Wiltshire, Inglaterra

Fotografia: Bert Janssen

Reconhecimento

A energia do **Reconhecimento** ajuda você a olhar de modo diferente para si mesmo. Muitas vezes somos tão autocríticos que afetamos a nossa autoestima de modo negativo. Muitas vezes o medo é a barreira que nos impede de fazer o que realmente desejamos. Reconheça a si mesmo!

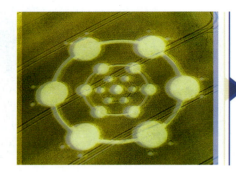

Encontrado em 14 de julho de 2004

The Pilgrim's Way, Maidstone Kent, Inglaterra

Fotografia: Andrew King

Projeto

Todos nós temos o nosso **Projeto** de vida, o nosso próprio programa, que trouxemos conosco para a Terra. Para que possamos viver em perfeito equilíbrio, temos que voltar ao nosso programa mais básico e seguir desde o início, da estaca zero, o caminho certo. A energia do Projeto ajuda você a reinicializar os seus programas e a apagar o que não se adapta mais a você ou não serve mais a um propósito.

Encontrado em 30 de julho de 2004

Nashenden Farm, Kent, Inglaterra

Fotografia: Bert Janssen

Liberdade

A energia da **Liberdade** o ajuda a conquistar a sua própria liberdade. Muitas vezes buscamos a liberdade fora de nós mesmos, o que nos causa a sensação de estarmos presos e estagnados. A liberdade nada tem a ver com as circunstâncias que nos cercam. Ela é algo que só podemos encontrar dentro de nós mesmos.

Encontrado em 1º de maio de 2005

Golden Ball Hill, Wiltshire, Inglaterra

Fotografia: Steve Alexander

Recordação

A energia da **Recordação** ajuda você a descobrir a sua sabedoria interior, onde está a sua verdadeira força. Muitas vezes achamos que não somos capazes de fazer algo ou que não estamos preparados para fazê-lo. Compreenda que toda a força já está dentro de você e que só é preciso que se recorde disso.

Epílogo

Às vezes me sinto compelido a comemorar tudo o que faço, mas, agora que estou escrevendo este epílogo, eu compreendo plenamente tudo o que aconteceu neste ano que passou. É quase incompreensível; será que esse é o resultado de se trabalhar com entusiasmo e total dedicação? Atualmente estou sentindo um fluxo aparentemente incontrolável e o mais estranho é que quase me sinto culpado por isso. As coisas são fáceis, tudo parece transcorrer sem esforço. Normalmente tenho que lutar pelo que desejo ou quero realizar.

Em maio de 2004, fiz a minha primeira apresentação, "Vivenciando a Arte do Código dos Círculos nas Plantações". Eu aluguei uma pequena igreja em Bennekom e coloquei o anúncio na minha página na Internet. A ideia era organizar uma apresentação e ativação experimental para amigos e familiares. Minha esperança era que esse encontro tivesse uma boa repercussão, e então eu poderia organizar mais três encontros no outono. Pensei em começar devagar e organizar apresentações para poucas pessoas. O que aconteceu depois foi muito além das minhas expectativas; para ser franco eu não esperava absolutamente nada. Pela primeira vez na vida, eu senti um entusiasmo verdadeiro e extremo. Jornais e revistas começaram a noticiar o meu trabalho. Fiz uma apresentação na Inglaterra, na região dos agroglifos e, em vez das três apresentações de outono que tinha planejado, acabei fazendo mais de vinte. Todas lotadas.

Outra coisa que eu não planejei foi começar uma galeria de arte. O assunto veio à baila e, antes que eu percebesse, encontrei um pequeno edifício para alugar em Amsterdã. Pouco depois a galeria abriu as portas. Outro exemplo maravilhoso é a mensagem que recebi da minha editora Ankh-Hermes: eles queriam publicar um livro sobre o meu trabalho. No momento em que escrevo este epílogo, tenho exposições agendadas em San Francisco e Roma e encomendas procedentes da Holanda e de outros países. É isso o que acontece quando você se rende com fé àquilo pelo qual tem paixão? Sim, com um pouco de cautela, digo que é justamente isso que parece acontecer.

Eu gostaria de compartilhar este sentimento com você: sentir entusiasmo, viver com entusiasmo, ter fé e entregar-se à sua paixão. Depois disso é só uma questão de tempo até que um fluxo inimaginável se inicie.

Por meio do meu trabalho eu tive a oportunidade de encontrar pessoas maravilhosas; eu me senti tão rico! Sem o apoio e a inspiração de muitas delas eu não teria sido capaz de acreditar em tudo o que eu faço — mesmo mantendo ainda alguns padrões antigos de medo e insegurança. Por esse motivo eu gostaria de agradecer a todos que visitaram as apresentações, a minha página na Internet e a galeria de arte e me deixaram mensagens muito carinhosas. Esses são os meus verdadeiros presentes. Minha esperança é compartilhar muito mais com todos vocês. Escrevi este livro com amor, paixão e dedicação.

De coração
JANOSH

Agradecimentos

Eu gostaria de concluir este livro com uma palavra de agradecimento. Sem estas pessoas teria sido impossível escrever este livro como ele é.

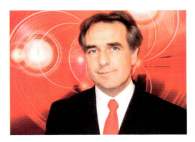

Bert Janssen

Bert Janssen é um especialista em comunicações interpessoais e há mais de quinze anos é treinador de executivos, mas também fotógrafo, produtor de filmes e autor de livros. Ele de fato tem experiência em todas as formas pelas quais as pessoas se comunicam. Além disso, sempre teve interesse pelas ciências "fronteiriças" e, em particular, pelos agroglifos, que ele vem estudando há mais de uma década. Bert foi várias vezes à Inglaterra para fazer pesquisas de campo e produziu três documentários sobre o assunto, dos quais o último — Contact (DVD) — ganhou em 2002 o prêmio EBE em Laughlin, nos Estados Unidos, uma espécie de "Oscar da Ufologia". Nesse mesmo ano, Bert, juntamente com Janet Ossebaard, recebeu o famoso Frontier Award. O interesse de Bert pelos agroglifos em geral se aplica às suas formas intrigantes e ao efeito que exercem sobre as pessoas, isto é, o poder de comunicação que eles têm. Bert já tem um arquivo impressionante de fotografias desses círculos. Essas fotografias, juntamente com a sua pesquisa e estudo exaustivos dos principais agroglifos geométricos, já foram publicadas em muitos livros. Bert é o autor de *The Hypnotic Power of Crop Circles*, publicado em 2004, e dá palestras na Holanda, na Alemanha, na Bélgica, na Inglaterra e nos Estados Unidos. Mais informações em www.bertjanssen.com

Roeland Beljon & Nancy Polet

Roeland Beljon e sua parceira Nancy Polet viram pela primeira vez um agroglifo perto de Silbury Hill em 1994. Desde então eles visitaram e pesquisaram centenas de círculos nas plantações e tiraram milhares de fotografias na Inglaterra e na Holanda. A atração mágica exercida por essas formas leva Roeland e Nancy aos campos de trigo de Wiltshire todos os verões. Para Roeland o auge do seu interesse pelos agroglifos foi o surgimento da formação de Milk Hill em 2001. Com 409 círculos e um diagrama de centenas de metros, essa figura confirmou o que ele sabia há muitos anos, isto é, que se trata de um fenômeno verdadeiro. A aparência é o elemento mais importante dos agroglifos. Só o fato de observá-los já provoca em nós uma mudança, e o código do holograma acelera essa mudança. Entre em contato com Roeland e Nancy pelo e-mail: roeland.nancy@planet.nl

Steve Alexander

Na última década, as fotografias de agroglifos tiradas por Steve Alexander apareceram em vários livros, jornais, documentários e até filmes de todo o mundo. Sua bela exposição anual dos círculos mais recentes inspirou muitas pessoas ao longo dos anos. Steve é também muito conhecido graças aos seus Livros do Ano: um livro anual sobre agroglifos, com uma análise dos mais espetaculares círculos nas plantações daquele ano em particular.

Mais informações em www.temporarytemples.co.uk

Janet Ossebaard

Janet Ossebaard (1966) é uma consultora de comunicação que passou a se dedicar à pesquisa dos agroglifos em 1994. De início ela se mostrou reservada e um pouco cética, mas a sua atitude mudou rapidamente e ela passou a encarar os círculos de um ponto de vista mais aberto e até com fascínio. Desde 1995, Janet passa todos os verões no sul da Inglaterra, o "berço" do fenômeno dos círculos nas plantações. Posteriormente a sua pesquisa se expandiu e passou a abranger os agroglifos da Holanda e da Alemanha. Ela examinou muitas formações em detalhe, durante as quais descobriu substâncias estranhas, moscas mortas e outras anomalias.

Em 2004, Janet criou a Site Circular Foundation, com o propósito de tornar o fenômeno dos agroglifos amplamente conhecido, e passou a dar palestras, cursos e entrevistas. Para sustentar a fundação e as pesquisas, ela abriu a primeira (e até agora única) loja especializada em artigos relacionados a agroglifos, primeiro como loja virtual e agora como distribuidora para lojas da Holanda e de outros países. Para mais informações consulte www.circularsite.com

Comentários de Janet sobre os agroglifos

Meu envolvimento com esse fenômeno mudou, virou de ponta-cabeça e abalou totalmente a minha vida. Eu passei por coisas que dificilmente poderiam ser descritas com palavras. Depois de mais de dez anos de pesquisa intensa, só posso concluir que os círculos nas plantações são uma forma de intervenção divina. Eles ampliam a percepção das pessoas, abrem o nosso coração, ampliam os nossos horizontes e nos deixam mais abertos a opiniões, ideias e crenças diferentes. Eles nos tornam menos preconceituosos. Ficamos mais flexíveis, mais amorosos com relação a nós mesmos e ao nosso ambiente. Quando olhamos para o mundo, para esta gigantesca confusão que estamos criando, eu realmente acredito que os círculos nas plantações não poderiam ter aparecido numa época melhor!

Janet sobre as obras de arte de Janosh

Os hologramas de Janosh me tocaram profundamente. Fui cativada desde o primeiro momento em que pus os olhos neles. Eles pareciam o mais poderoso agroglifo que eu já tinha encontrado! As cores, o poder, a beleza: senti que algo assim só poderia ser criado por alguém totalmente sintonizado com os criadores dos círculos, alguém que receba informação e coopere. Essa arte enfeita minha casa, todos os dias eu usufruo a energia de vida, o amor e o poder que irradiam deles. A energia da arte de Janosh é a mesma dos círculos nas plantações, só que mais intensificada.

Annemieke Witteveen

Depois de ler um certo livro, Annemieke soube instantaneamente que tinha de ir para a Inglaterra estudar os agroglifos. Foi quase como se ela tivesse passado a vida inteira procurando justamente por eles, sem nem mesmo conhecê-los. Agora ela visita Wiltshire todos os anos para visitar as formações e fazer contato com outros pesquisadores. Na Inglaterra, centenas de círculos nas plantações são fotografados, e os cereais dos círculos são colhidos para serem utilizados na confecção de pequenas bonecas (antroposóficas). Mais recentemente, Annemieke esteve trabalhando em *Circle Chasers* [Caçadores de Círculos], um livro para crianças sobre círculos na plantação.

Além disso, ela faz apresentações regularmente. Na sua casa podemos encontrar um grande holograma Transição/Andorinhas, que transmite paz e fé no futuro. Para maiores informações, escreva em inglês para annepuppies@planet.nl

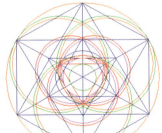

Zef Damen

O meu interesse pelos círculos nas plantações foi aguçado durante uma palestra de Benjamin Creme, um pintor escocês que propagou a história do reaparecimento de Maitreya (e dos mestres de sabedoria). De acordo com ele (e eu acho sua história muito plausível), existe uma ligação direta entre a aparição dos círculos nestas últimas décadas e as reaparições dos mestres. Além disso, eu sempre tive um interesse especial por padrões geométricos. Ao refazer (e na minha opinião melhorar) certas reconstruções, entre outras as de Bert Janssen, eu realmente consegui captar o seu espírito. A principal razão para eu colocar essas reconstruções na minha página na Internet (desde 1999), é estimular as pessoas a pensar um pouco mais no assunto, sabendo que na verdade há muito mais por trás do que aqueles dois velhos senhores (Doug e Dave) têm a dizer...

Devido à minha formação tecnocientífica, eu acho muito importante uma abordagem sem preconceitos. Quando eu encontro uma boa reconstrução, faço um registro completo e exato que qualquer um seja capaz de seguir. Depois disso, mostro que o resultado desse trabalho corresponde perfeitamente ao "original", no meu caso uma fotografia aérea (que não deve ser ajustada). A última parte é muito importante para mim; existem muitas reconstruções na Internet que não deixam claro se elas correspondem exatamente à formação original.

Um último agradecimento

Por último, mas não menos importante, eu gostaria de agradecer pela contribuição, inspiração e apoio de Andrew King, pelas fotografias; de Carlijn Haazelager, pela editoração eletrônica e análise de tráfico; de Yvette Matthijsen, pela edição de texto; e de Marije, minha querida esposa, pelo apoio, inspiração e paciência com cada etapa do processo de fazer os hologramas e escrever este livro.

Sobre a Arte dos círculos nas plantações

Sobre as apresentações/ativações de Janosh

Muitas vezes são organizadas tardes de apresentação/ativação, nas quais os participantes são levados a fazer uma jornada ao seu mundo interior por meio de uma fantástica apresentação multimídia e uma relaxante mas empolgante meditação. São tardes fascinantes que giram em torno da experiência da arte de outra dimensão.

Durante uma relaxante indução, o código dos círculos de plantação (hologramas) ajuda as pessoas a liberarem antigos fragmentos de sabedoria que estão armazenados dentro delas, sem deixar que nada nesse processo passe despercebido. Janosh então inicia uma série de ativações/apresentações para ativar diferentes códigos, as quais continuam a surtir efeito meses depois.

Livros interessantes

Boerman, Robert. *Crop Circles, Gods and Their Secrets: History of Mankind, Written in the Grain*. Adventures Unlimited Press, 2004.

Haselhoff, Eltjo H. *The Deepening Complexity of Crop Circles: Scientific Research and Urban Legends*. Frog Books Ltd/ Blue Snake, 2001.

Janssen, Bert. *The Hypnotic Power of Crop Circles*. Frontier Publishing, 2004.

Moore, Judith e Lamb, Barbara. *Crop Circles Revealed Language of the Light Symbols*. Light Technology Publications, 2001.

Websites interessantes

www.circularsite.com (inglês e holandês)

www.cropcircleconnector.com (inglês)

www.dcca.nl (holandês)

www.bertjanssen.nl (holandês)

www.the-arcturians.com (inglês /holandês)

www.janosh-amsterdam.com (inglês/holandês)